AF250421

TABLEAU NOMINATIF

ET RAISONNÉ

DE LA FUTURE MAJORITÉ

DES

DÉPUTÉS CONSTITUTIONNELS

A LA CHAMBRE DE 1830,

SUIVI

D'UN COUP D'ŒIL CRITIQUE SUR LES ÉLECTIONS FAITES
PAR LES GRANDS COLLÉGES DEPUIS 1820;

PAR J.-B.-M. BRAUN,

Lieutenant-Colonel en retraite, officier de la Légion-d'Honneur, et auteur de la *Statistique constitutionnelle de la Chambre des Députés de* 1814 à 1829.

Qui veut nager contre le courant,
risque de se noyer.

PARIS,

PICHON et DIDIER, QUAI DES AUGUSTINS, N° 47;
LEVAVASSEUR, PALAIS-ROYAL;
DUREUIL, PLACE DE LA BOURSE.

1829

INPRIMERIE DE HUZARD-COURCIER,
rue du Jardinet, no 12.

TABLEAU NOMINATIF

ET RAISONNÉ

DE LA FUTURE MAJORITÉ

DES

DÉPUTÉS CONSTITUTIONNELS

A LA CHAMBRE DE 1830.

INTRODUCTION.

Dans un moment où les plus hauts intérêts d'un grand peuple sont mis en jeu ; qu'une minorité imperceptible dans la masse de la nation se présente dans l'arène pour combattre avec des armes rouillées et des bréviaires contre la civilisation moderne, la religion des Bossuet, Bourdaloue, Fénélon, et les droits imprescriptibles scellés par vingt-cinq années de sang et de victoires ; que le maintien de ces mêmes droits, jurés sur les saints évangiles par deux souverains à leur avènement au trône, paraissent encore contestés après quatorze ans qu'ils ont pris de si fortes racines sous le sol de la patrie ; dans ce moment, dis-je, il est du devoir de chaque véritable Français d'accourir sur le champ du danger et de la gloire, pour contribuer par tous les moyens en son pouvoir à dévoiler les manœuvres et la marche de l'ennemi, et à lui op-

(4)

poser une vigoureuse résistance partout où il pourra se présenter.

Voilà la tâche que je me propose de remplir aux yeux de mes concitoyens, en leur soumettant le résultat de mes recherches impartiales, contenu dans cet opuscule, pour leur montrer, en ce qui concerne la Chambre des Députés, tout l'espoir fondé qu'ils doivent avoir dans la loyauté de la majeure partie de leurs mandataires.

Immédiatement après la clôture de la session de 1829, je m'étais occupé à former un tableau de la Chambre telle que, à quelques exceptions près, elle se serait trouvée composée sous le ministère de M. de Martignac pour 1830, et j'avais trouvé le résultat suivant :

<pre>
        Droite (absolutistes)...... 106
        Centre (ministériels)...... 134 (1)
        Gauche (constitutionnels).. 184
                                    ───
                                    424
        Députés à nommer.......   6 (2)
                                   ───
        Complet de la Chambre.... 430
</pre>

Mais le ministère du 8 août ayant nécessité un chan-

───────────────────────

(1) Parmi ces cent trente-quatre députés, il s'en trouvait plus de cent vingt avec plus ou moins de nuances constitutionnelles, suivant leur âge, leurs intérêts particuliers, ou autres motifs que la sagacité du lecteur saura deviner sans autre citation.   AVIS AUX ÉLECTEURS!!

(2) Depuis ce temps ont été nommés, MM. Bertrand, au Puy (Haute-Loire), et Planelli de la Valette, par le grand collége de l'Isère.

gement total à ce premier tableau, sous le rapport de sa composition future, j'ai dû procéder à une analyse nouvelle en partageant la Chambre en deux grandes divisions seulement, vu qu'un centre devient à l'avenir ridicule et même moralement impossible (1) dans le moment d'une lutte décisive entre l'absolutisme et la cause sacrée de la France constitutionnelle.

Pour exposer le nouveau tableau avec le plus de clarté possible, j'ai dû partir de la situation de la Chambre de 1829 et de la place qu'occupait chaque député le 16 juillet dernier, après la clôture provisoire de la Chambre, pour de là lui assigner la nouvelle place que, par divers motifs, il pourra occuper à la chambre future.

DÉCOMPOSITION DE LA CHAMBRE DE 1829,

ET FORMATION DE CELLE DE 1830.

EXTRÊME DROITE désignée dans la lettre A.

LE CENTRE DROIT est subdivisé en trois sections, savoir :

Première section. Députés les plus rapprochés de la droite, et votant presque toujours avec elle. Ils sont répartis dans les lettres B, E, H.

Deuxième section. Députés qui ont quelquefois voté avec la droite, mais plus souvent avec les ministériels. Ils sont répartis dans les lettres C, F, J, L.

---

(1) A moins d'y placer quelques députés sans caractère et sans couleur.

Troisième section. Députés qui occupaient les quatre ban-
quettes supérieures du centre droit vers le grand couloir.
Cette portion a formé le premier noyau ministériel dès la session de 1828, et était connue sous le nom de *centre Agier*.
Ces députés sont répartis dans les lettres D, G, M.

Le CENTRE GAUCHE est également subdivisé en trois sections, savoir :

Troisième section. Députés qui occupaient les quatre ban-
quettes supérieures du centre gauche vers le grand couloir ;
ministériels de 2e classe, qui, par leurs votes avec le centre
droit, ou plutôt leur fréquent silence dans une grande partie
des délibérations, ont été la cause principale de la majorité
flottante. (Le Pas–de–Calais y compte quatre de ses mandataires.) Ils sont répartis dans les lettres K, N.

Deuxième section. Députés constitutionnels avoisinant la
section ci-dessus, mais dont quelques-uns ont parfois voté avec
le ministère. Ils sont désignés dans la lettre O.

Première section. Députés constitutionnels votant avec la
gauche, P.

EXTRÊME GAUCHE, Q.

Comme on verra par ce qui suit, j'ai classé tous les
députés dans diverses catégories, en admettant avec
rigueur jusqu'aux moindres antécédens, pour montrer à la France que, malgré les plus larges concessions, le nouveau ministère n'aura pas cette majorité qu'il se promet d'obtenir, et qu'il se trouvera
encore beaucoup de Victor Hugo, qui sauront re-
noncer à ses faveurs pour conserver leur propre estime
et la considération publique.

DROITE.

Nota. Le chiffre 24 porté aux notes des Députés, désigne ceux qui ont siégé à la première Chambre septennale de 1824 à 1827.

Les *p* désignent ceux qui avaient été nommés présidens de colléges en 1827.

Les grands colléges sont désignés par les lettres initiales G. C.

A. EXTRÊME DROITE. (96 députés.)

NOMS de MM. les Députés.	PAR QUI NOMMÉS.		QUALITÉS.
	Départemens.	Arrondissem. ou colléges.	
De la Bourdonnaye...	Maine-et-Loi.	G. C........	Ministre de l'intérieur. A siégé au côté droit à la Chambre de 1815. 24.
De Montbel.........	Haute-Garon.	Toulouse (2e)	Ministre des affaires ecclésiastiques, de l'instruction publique, et gr.-maître de l'Université. *p.*
Achard de Bonvouloir.	Manche.....	G. C........	Propriétaire, ✠.
Aguillon.........	Var........	Toulon.....	Négociant à Toulon. 24.
Alzon (Henry d')......	Hérault,....	G. C........	Propriétaire à Montpellier.
Anthès (d').........	Haut-Rhin...	Colmar.....	Propriétaire à Soultz. 24.
Babey..............	Jura........	G. C........	Conseiller à la cour royale de Besançon. A siégé au côté droit à la Chambre de 1815.
Bacot de Romans.....	Indre-et-Loire	G. C........	Directeur génér. des contributions indirectes. A siégé au centre droit à la Chambre de 1815. 24.
Barrois-Virnot.......	Nord.......	G. C.......	Négociant à Lille. 24.
Bausset (de).........	B.-du-Rhône.	Aix........	Propriétaire, ✠. A siégé au côté droit à la Chambre de 1815. 24. *p.*
Beauquesne.........	Tarn-et-Gar.	Moissac.....	Propriétaire. *p.*
Béraud de Rondards...	Allier......	G. C.......	Conseiller de préfecture. 24. *p.*
Bernis (Jules de)....	Ardèche....	Privas......	Maire de Saint-Marcel, ✠. *p.*
Bizien du Lézard......	Côt.-du-Nord	Dinan......	Propriétaire.
Blin de Bourdon......	Somme.....	Abbeville...	Préfet du Pas-de-Calais. A siégé au côté droit de la Chambre de 1815. 24.
Boessière (de la)......	Morbihan....	Ploërmel....	Maréchal de camp. 24. *p*
Boscal de Réals......	Charente-Inf.	Saintes.....	Maire de Saintes. 24. *p.*
Boulaye (de la).......	Ain........	G. C.......	Intendant honoraire de la maison du Roi.
Bourdonnaye-Montluc (de la).	Ille-et-Vilain.	Redon.....	Ancien colonel; lieuten. de Roi. 24. *p.*
Brillet de Villemorge	Maine-et-Loi.	G. C.......	Maire d'Angers. 24. *p.*
Bully (de)...........	Nord.......	Lille (ouest)..	Ancien payeur à Lille. 24. *p.*
Burot de Carcouet...	Loire-Infér..	G. C.......	Propriétaire, ✠.

NOMS de MM. les Députés.	PAR QUI NOMMÉS.		QUALITÉS.
	Départemens.	Arrondissem. ou colléges.	
Cacqueray (de)	Maine-et-Loi.	Beaupréau...	Propriétaire, ✠.
Carcaradec (de).......	Côt.-du-Nord	Lannion. ...	Maire de Buhulien. 24. p.
Chabot-Duparc (de).:..	Vendée.	G. C.	Propriétaire, ✠.
Charencey (de)	Orne........	G. C.	Propriétaire, ✠, conseiller d'État. 24.
Chateaufort (de)....	Sarthe.	Le Mans....	Maire du Mans.
Chollet.	Meuse.......	G. C.	Maire de Mauvages. 24.
Clarac...............	Hautes-Pyr..	Coll. unique.	Intendant militaire de la maison du Roi. A siégé au centre à la Chambre de 1815. 24. p.
Conen de Saint-Luc..	Finistère. ...	Châteaulin..	Préfet de la Creuse. A siégé au côté droit à la Chambre de 1815. 24.
Conny (de)...........	Allier.......	G. C.......	Maître des requêtes.
Cotteau...............	Nord........	Cambray....	Adjoint au maire de Cambray. 24. p.
Coutard...............	Sarthe.	G. C.	Lieutenant-général, commandant la 1re division milit., à Paris; gentilhomme de la chambre du Roi. p.
Croizet.............	Cantal......	G. C.	Anc. receveur du Cantal. A siégé au centre droit à la Chambre de 1815. 24. p.
Curzay (de)...........	Vienne	G. C.	Préfet de la Gironde, du 23 août 1829. 24.
Delacroix-Laval.....	Rhône.......	G. C.	Maire de Lyon.
Desbassyns de Riche-mont.	Meuse......	G. C.	Beau-frère de M. de Villèle. Commissaire-général ordonnateur de la marine, à Paris; membre du conseil d'amirauté; conseiller d'État. 24. p.
Drouilhet de Sigalas.	Lot-et-Garon.	G. C.	Propriétaire. 24. p.
Dubourg (Armand) ...	Haute-Garon.	Toulouse(1er)	Maire de Seilh, ✠. 24. p.
Dounous d'Andurand..	Ariège......	G. C.	Propriétaire à Saverdun. 24. p.
Dumaisniel...........	Somme.....	G. C.	Maire de Liercourt. 24.
Duplessis de Grénédan	Ille-et-Vilaine	G. C.......	Président de chambre à la cour royale de Rennes. A siégé au côté droit à la Chambre de 1815. 24.
Duquesnoy...........	Pas-de-Calais.	G. C.......	Propriétaire.
Durand d'Elecourt...	Nord.......	Douai.......	Conseiller à la cour roy. de Douai. 24. p.
Dutertre.............	Pas-de-Calais.	G. C.......	Maréchal de camp. 24.
Falentin-Saintenac..	Ariège.....	Pamiers....	Ancien maire de Pamiers. 24. p.
Flaujac (de)..........	Lot.........	G. C.	Maire de Flaujac, ✠. 24. p.
Fontenay (Paul de)...	Saône-et-Loir	Autun......	Maire de Sommant, ✠. 24. p.
Formon...............	Loire-Infér..	Savenay.....	Maître des requêtes.
Fournas-Moussoulens.	Aude.......	G. C.......	Maire de Carcassonne. 24. p.
Franqueville (de)....	Nord.......	G. C.......	Maire de Bourlon.
Frottier de Bagneux.	Côt.-du-Nord	G. C.......	Préfet de Maine-et-Loire.
Guernisac (de).......	Finistère....	G. C.......	Propriétaire, ✠.

NOMS de MM. les Députés.	PAR QUI NOMMÉS.		QUALITÉS.
	Départemens	Arrondissem. ou colléges.	
HARSCOUET de SAINT-GEORGES.	Morbihan...	G. C.......	Propriétaire.
KEROUVRIOU (de)......	Finistère....	Morlaix.....	Adjoint au maire de Morlaix. 24. *p.*
LAGOY (de)...........	B.-du-Rhône.	Arles.......	Propriétaire. A siégé au côté droit à la Chambre de 1815. *v.*
LAMANDÉ.............	Sarthe......	G. C.......	Inspecteur divisionn. des ponts et chaussées, à Paris.
LARDEMELLE (de)......	Moselle.....	G. C.......	Maire de Ban-Saint-Martin. 24.
LARODE (de)..........	Yonne......	G. C.......	Maire de Tannerre.
LASTOURS (de)........	Tarn.......	G. C.......	Propriétaire. A siégé au côté droit à la Chambre de 1815. 24. *p.*
LECLERC (Léon)......	Mayenne....	Laval......	Adjoint au maire de Forcé. A siégé au centre droit à la Chambre de 1815. 24. *p.*
LÉPINE (de)..........	Nord.......	G. C.......	Maire du Quesnoy.
LINGUA de S.-BLANQUAT	Ariège......	Foix.......	Préfet de la Dordogne. 24.
LORIMIER (de)........	Manche.....	Saint-Lô....	Capitaine-chef de bataillon de l'artillerie à pied de la garde royale. 24. *p.*
LUGAT (de)..........	Lot-et-Garon.	Agen......	Maire d'Agen.
LUR-SALUCES (de).....	Gironde.....	La Réole....	Lieutenant-colonel, sous-lieuten. des gardes-du-corps. A siégé au côté droit à la Chambre de 1815. 24. *p.*
MARGADEL (de).......	Morbihan...	Vannes....	Ancien chef d'escadron de gendarmerie; conseiller de préfecture. A siégé au côté droit à la Chambre de 1815. 24. *p.*
MAUSSION (de)........	Aisne......	G. C.......	Maire d'Arancy.
MIRANDOL (de).......	Dordogne...	G. C.......	Propriétaire, ✠. A siégé au côté droit à Chambre de 1815. 24.
MONCEAU (de)........	Manche.....	Coutances...	Maire de Contrières, ✠. 24. *p.*
MONTBOUCHER (de).....	Ille-et-Vilaine	G. C.......	Propriétaire.
MONTBRON (de).......	Haut.-Vienne	G. C.......	Ancien colonel, lieutenant des cent-suisses. 24. *p.*
MONTJARRET de KERJÉGU	Côt -du-Nord	Saint-Brieuc.	Commerçant en toiles; maire de Moncontour. 24. *p.*
MORNAC (de).........	Vendée.....	Bourb.-Vend.	Ancien colonel de la légion du Jura. *p.*
MOSTUÉJOULS (de).....	Aveyron.....	G. C.......	Propriétaire ; frère du pair de France de la promotion des 76.
MOUSNIER-BUISSON....	Haut.-Vienne	G. C.......	Conseiller à la cour de cassation. A siégé au centre à la Chambre de 1815. 24. *p. p.*
PARDESSUS............	B.-du-Rhône.	G. C.......	Conseiller à la cour de cassation, et professeur du Code de commerce à l'École de Droit à Paris. A siégé au côté droit à la Chambre de 1815. 2{.
PAREL d'ESPEYRUT.....	Corrèze.....	G. C.......	Propriétaire, ✠. 24. *P.*

NOMS de MM. les Députés.	PAR QUI NOMMÉS.		QUALITÉS.
	Départemens.	Arrondissem. ou colléges.	
Pina (de)	Isère.	G. C.	Maire de Grenoble. *p.*
Potherie (Quillot de la)	Maine-et-Loi.	G. C.	Maréchal de camp. 24.
Planelli de la Valette	Isère.	G. C.	Préfet, destitué le 28 nov. 1828. A siégé au centre à la Chambre de 1815. 24.
Potteau d'Hancardrie.	Nord.	Lille (est)....	Conseiller de préfecture. A siégé au centre droit à la Chambre de 1815. 24. *p.*
Peymaurin.	Haute-Garon.	Muret.......	Ancien directeur des monnaies, des médailles; remplacé par son fils. A siégé au centre droit à la Chambre de 1815. 24. *p.*
Ratyé de la Peyrade...	Hérault.	Lodève......	Maire de Cette. 24. *p.*
Reboul..............	Vaucluse. ...	Carpentras. .	Maire de Montdragon. 24. *p.*
Rochegude (de).......	Vaucluse. ...	G. C.	Chef de bataillon au 13e régiment d'infanterie légère.
Roquette de Buisson..	Haute-Garon.	G. C.	Propriétaire.
Roux (de).............	B.-du-Rhône.	G. C.	Négociant à Marseille. 24.
Ste-Marie (Rapine de).	Nièvre......	G. C.	Maire de Sainte-Marie, ✠. 24.
Sallabéry (de).......	Loir-et-Cher.	G. C.	Propriétaire, ✠; beau-père de M. Delavau, préfet de police sous M. de Villèle. A siégé au côté droit à la Chambre de 1815. 24. *p.*
Sirieys de Mayrinhac.	Lot.........	Figeac.	Ancien directeur général de l'agriculture, haras, arts et manufactures, sous le ministère de M. de Villèle. A siégé au côté droit à la Chambre de 1815. 24. *p.*
Tardy (de)...........	Loire.......	Roanne.....	Maire de Roanne. *p.*
Terrier de Santans...	Doubs.......	G. C........	Maire de Besançon, ✠. 24. *p.*
Trécomain (Aubert de)	Ille-et-Vilaine	G. C.	Membre du conseil des haras. 24.
Vaulchier (de).......	Jura........	Dôle.......	Directeur des douanes, conseiller d'Etat. 24. *p.*
Verna (Victor de).....	Rhône......	G. C........	Adjoint au maire de Lyon.

Observations. Des 96 députés ci-dessus portés, 55 ont été nommés par les grands colléges, et si nous admettons ceux nommés dans les arrondissemens des départemens de l'Ardèche, Ariége, Bouches-du-Rhône, Côtes-du-Nord, Finistère, Haute-Garonne, Ille-et-Vilaine, Jura, Loire, Loire-Inférieure, Lot, Lot-et-Garonne, Mayenne, Morbihan, Nord, Hautes-Pyrénées, Tarn-et-Garonne et Var, où tout avait été organisé sur le même pied en novembre 1827, et dont le nombre s'élève encore à 29, nous trouverons 84 députés de grands colléges. (Cette remarque est applicable à toutes les sections du centre droit.)

Députés qui, à raison des emplois qu'ils occupent en ce moment, pourront se joindre à la droite.

B. MEMBRES DU CENTRE DROIT (1ʳᵉ section). (18 députés.)

NOMS de MM. les Députés.	PAR QUI NOMMÉS.		QUALITÉS.
	Départemens.	Arrondissem. ou colléges.	
BASTOULH............	Haute-Garon.	G. C.......	Procureur gén. près la cour royale de Toulouse.
BOURDONNAYE (Arthur de la).	Morbihan. ..	Pontivy.....	Maréchal de camp, cousin du ministre de l'intérieur.
CASTÉJA (Biaudos de)..	Somme	G. C.......	Chef d'escadron aux lanciers de la garde royale.
CHAMPVALLINS (de).....	Loiret.......	G. C.......	Président de chambre à la cour roy. d'Orléans, du 10 juin 1829
CHANTELAUZE (de).....	Loire	Montbrison..	Premier président de la cour royale de Grenoble, du 26 août 1829.
CHEVALIER-LEMORE....	Haute-Loire..	Issengeaux...	Conseiller à la cour royale de Paris. 24. *p.*
CHOISEUIL d'AILLE-COURT (de).	Orne........	G. C.......	Maréchal de camp. 24.
DAUGIER.............	Vaucluse....	Avignon ...	Vice-amiral, membre du conseil d'amirauté, conseiller d'État. A siégé au centre gauche à la Chambre de 1815. 24. *p.*
DUTEIL.............	Moselle	Thionville...	Chef de la 1ʳᵉ division de la direction génér. des forêts. 24. *p*
GESTAS (de)...........	Basses-Pyrén.	Coll. unique.	Conservateur du 17ᵉ arrondissem. forestier, à Pau. A siégé au centre droit à la Chambre de 1815. 24.
HIGONNET............	Cantal	Aurillac.....	Maréchal de camp; a fait la campagne de 1828 en Morée. *p.*
LA ROCHEFOUCAULD (Sosthènes de).	Marne	G. C.......	Colonel, aide-de-camp du Roi, chargé du départem. des beaux-arts. A siégé au centre gauche à la Chambre de 1815.
LASTIC SAINT-JAL (de).	Cantal......	Saint-Flour..	Inspecteur du 5ᵉ arrondissement des haras.
LÉRIDENT.............	Morbihan....	G. C........	Colonel du 48ᵉ régiment.
PARTOUNEAUX........	Var.........	G. C.......	Lieutenant-général, commandant la 1ʳᵉ division d'infanterie de la garde royale. 24. *p.*
RIBEROLLES (de)	P.-de-Dôme..	Ambert.....	Conseiller-maître à la cour des comptes.
TIRLET..............	Marne	G. C.......	Lieutenant-général d'artillerie.
VILLENEUVE BARGEMONT (Julien de).	Haute-Saône.	G. C.......	Directeur général des postes, conseiller d'État.

C. MEMBRES DU CENTRE DROIT (2ᵉ section). (19 députés.)

NOMS de MM. les Députés.	PAR QUI NOMMÉS.		QUALITÉS.
	Départemens	Arrondissem. ou colléges.	
AIGLE des ACRES (de l').	Oise.........	G. C	Maréchal de camp. 24.
ANDRÉ (d').............	Lozère......	Coll. unique.	Membre de la commiss. de liquidation d'Haïti. A siégé au centre droit à la Chamb. de 1815. 24
BECQUEY.............	H.-Marne ...	G. C	Directeur gén. des ponts et chaussées; conseill. d'État. A siégé au centre à la Cham. de 1815. 24. p.
BOISBERTRAND (Tessières de).	Vienne......	G. C	Directeur-général de l'administr. des établissemens d'utilité publique, conseiller d'État, chargé également de l'adm. du comm. intér. et des manufact. 24. p.
BOURGON.............	Doubs	G. C	Conseiller à la cour royale de Besançon.
CAMBON (Alexandre de).	Tarn........	G. C	Premier présid. de la cour royale d'Amiens, du 13 avril 1829.
CHABRON de SOLILHAC..	Haute-Loire..	G. C	Colonel, lieuten. de Roi à Amiens. A siégé au centre à la Chambre de 1815. 24. p.
COLOMB.............	Hautes-Alpes.	Coll. unique.	Avocat gén. près la cour royale de Paris; maît. des requêtes. 24.
DARTIGAUX..........	Basses-Pyrén.	Coll. unique.	Procureur gén. près la cour royale de Pau. 24.
HAUSSEZ (d').........	Landes	Dax........	Ministre de la marine. A siégé au centre dr. à la Chamb. de 1815.
LAFONT-CAVAIGNAC....	Lot-et-Gar...	G. C	Maréchal de camp, commandant l'artillerie à pied de la garde royale. 24. p.
LUSSY (de)..........	Hautes-Pyr..	Coll. unique.	Avocat général près la cour royale de Pau.
MESTADIER..........	Creuse......	Guéret	Conseiller à la cour de cassation. 24. p.
MICHEL de SAINT-ALBIN	Moselle	Sarguemines.	Receveur général de la Moselle et membre du comité d'administ. des salines de l'Est. p.
MOUSSAYE (de la)	C.-du-Nord..	G. C	Ambassadeur (1) près le roi des Pays-Bas. 24.

(1) En parcourant l'article de M. de la Moussaye, inséré dans la *Statistique constitutionnelle de la Chambre des Députés de 1814 à 1829*, je dois remarquer que cet honorable député était ambassadeur à Hanovre, Stuttgard, Munich et Bruxelles, sans interruption depuis 1818, et en même temps député des Côtes-du-Nord depuis 1820, également sans interruption. Je me permets d'adresser cette remarque à M. de Cormenin, pour savoir si, sur sa liste des cumuls, il n'a pas compris ce député ambassadeur comme illégalement payé en cette qualité sur le budget des affaires étrangères.

NOMS de MM. les Députés.	PAR QUI NOMMÉS.		QUALITÉS.
	Départemens.	Arrondissem. ou colléges.	
MURAT (de)............	Nord........	Hazebrouck..	Préfet de la Seine-Inférieure.
PANAT (de)............	Gers........	G. C........	Préfet du Cantal.
SÉGUY (de)...........	Lot.........	G. C........	Procureur général près la cour royale de Limoges.
SESMAISONS (Donatien de).	Loire-Infér ..	G. C........	Colonel d'état-major. *p.*

D.   CENTRE DROIT (3e section).   (22 députés.)

NOMS de MM. les Députés.	Départemens.	Arrondissem. ou colléges.	QUALITÉS.
BARON...............	Var.........	Grasse......	Directeur du Mont-de-Piété de Paris. 24. *p.*
BEAUMONT (de)........	Dordogne....	G. C........	Préfet d'Indre-et-Loire, conseiller d'Etat. 24.
BELLISSEN (de)........	Tarn-et-Gar..	G. C.......	Gentilhomme honor. de la chambre du Roi. 24.
BUROSSE (de)..........	Gers........	Condom....	Sous-préfet à Saint-Séver, du.. février 1829.
CHABROL de VOLVIC....	Puy-de-Dôm.	G. C.......	Préfet de la Seine, conseiller d'État. 24.
CRESSAC.............	Vienne......	Poitiers	Ingénieur en chef des mines à Poitiers. 24. *p.*
CRUSSOL (de).........	Gard.......	Uzès.......	Maréchal de camp, aide-de-camp du Roi. 24.
DUCASSE de HORGUES...	Hautes-Pyr ..	Coll. unique.	Secrétaire général de la préfecture des Hautes-Pyrénées. 24.
DUMONCEL...........	Manche.....	G. C.......	Lieuten.-colon. du génie, chargé du casernement de la maison militaire du Roi. A siégé au côté droit à la Chambre de 1815.
DUPONT de l'ETANG....	Charente....	G. C.......	Lieutenant-gén.; gouverneur de la 14e divis. milit.; ex-minist. de la guerre; minist. d'État; présid. de la 2e sect. de la commiss. de liquidat. de l'indemnité accordée aux émigrés. A siégé au centre gauche à la Ch. de 1815. 24. *p.*
FAVARD de LANGLADE..	Puy-de-Dôm.	Issoire	Président de chambre à la cour de cassation, conseiller d'Etat. A siégé au centre à la Chambre de 1815. 24. *p.*
FUSSY (de)...........	Cher........	G. C.......	Préfet de l'Indre, du 28 novembre 1828. 24.
HALGAN..............	Morbihan...	Lorient.....	Contre-amiral; directeur du personnel de la marine; conseiller d'État. 24. *p.*
HARMAND d'ABANCOURT.	Ardennes....	G. C.......	Président de chambre à la cour des comptes; maît. des requêtes; secrét. gén. de la commission de liquidation de l'indemnité accordée aux émigrés. 24. *p.*
HOCQUART...........	Haute-Garon.	Villefranche .	Premier présid. de la cour royale de Toulouse. 24.

NOMS de MM. les Députés.	PAR QUI NOMMÉS.		QUALITÉS.
	Départemens.	Arrondissem. ou colléges.	
Jacquinot-Pampelune.	Yonne......	Tonnerre....	Procureur général près la cour royale de Paris; conseiller d'Etat. 24. *p.*
Lamezan (de)........	Gers........	Auch.......	Lieuten.-colonel du génie, chargé du casernement de la maison militaire du Roi. *p.*
Marchant-Collin....	Moselle.....	Briey.......	Receveur particulier des finances à Briey. 24. *p.*
Noailles (Alexis de)...	Corrèze.....	Brives.......	Colonel, aide-de-camp du Roi; ministre d'État. A siégé au côté droit à la Chambre de 1815. 24.
....L de Chateaudoubl.	Var........	Brignolles...	Sous-directeur de la caisse d'amortissement. A siégé au côté droit à la Chambre de 1815. 24. *p.*
Rivarola............	Corse.......	Coll. unique.	Inspect. des forêts de la Corse, ✠. 24.
Turmel (de).........	Moselle.....	G. C.......	Maire de Metz, ✠; en même temps payeur de la 3ᵉ division milit. (Metz). 24. *p.*

Députés dont les titres de noblesse, d'anciens services militaires récompensés par la croix de Saint-Louis, ou d'autres antécédens, peuvent faire présumer un penchant vers la droite:

E. CENTRE DROIT (1ʳᵉ section). (15 députés.)

NOMS de MM. les Députés.	Départemens.	Arrondissem. ou colléges.	QUALITÉS.
Brusset (de).........	Haute-Saône.	Gray........	Propriétaire, ✠. A siégé au centre à la Chambre de 1815. 24. *p.*
Creuzé.............	Vienne......	Châtellerault.	Maire de Châtellerault. 24. *p.*
Delacro...........	Aveyron.....	Rodez.......	Conseiller de préfecture. A siégé au centre droit à la Chambre de 1815. 24. *p.*
Escayrac-Lauture (d').	Tarn-et-Gar..	G. C.......	Propriétaire. *p.*
Jankowicz.........	Meurthe.....	Chât.-Salins.	Propriétaire, ✠. A siégé au centre droit à la Chamb. de 1815. 24. *p.*
Letissier..........	Indre-et-Loire	G. C.......	Propriétaire; ancien ami du général Moreau. 24. *p.*
Lyle-Taulane (de)....	Var........	G. C.......	Maire de la Martre. 24.
Meffrey (de)........	Isère.......	La T.-du-Pin.	Maire de Maubec. 24.
Pinieux (de)........	Eure-et-Loire	G. C.......	Maire de Garnay. 24.
Quélen (de).........	Côt.-du-Nord	Guingamp...	Maire de Plouagat-Châteaulaudren; frère de l'archevêque de Paris, ✠. 24. *p.*
Renouard de Bussières	Bas-Rhin....	Haguenau...	Banquier à Strasbourg, créé vicomte sous M. de Villèle. 24. *p.*

NOMS de MM. les Députés.	PAR QUI NOMMÉS.		QUALITÉS.
	Départemens.	Arrondissem. ou colléges.	
SAINT-LÉGIER (de).....	Charente-Inf.	Jonzac......	Propriétaire. 24.
THOMASSIN de BIENVILLE	Haute-Marne.	G. C.......	Maire de Bienville, ✠. 24. p.
WANGEN de GÉROLD-SECK (de).	Bas-Rhin....	Saverne.....	Ancien maire de Strasbourg sous l'Empire. 24. p.
ZORN de BOULACH (de).	Bas-Rhin....	Benfeld.....	Propriétaire, ✠. p.

F. CENTRE DROIT. (2ᵉ section). (11 députés.)

NOMS de MM. les Députés.	Départemens.	Arrondissem. ou colléges.	QUALITÉS.
BERBIS (de).............	Côte-d'Or...	G. C.......	Propriétaire, ✠. 24.
BOULARD.............	Oise.......	G. C.......	Ancien notaire à Paris. 24.
DOMEZON (de).........	Gers.......	Isle-en-Jourd.	Maire de Savignac-Mona. 24. p.
DORIA..............	Saôn.-et-Loire	G. C.......	Propriétaire, ✠. A siégé au centre à la Chambre de 1815. 24. p.
DUMARHALLACH.	Finistère.....	Quimper....	Conseiller de préfecture, ✠. A siégé au centre gauche à la Chambre de 1815. Nommé préfet des Ardennes le 28 novemb. 1828, il n'a point accepté : le motif est inconnu au public.
FLEURIAU de BELLEVUE.	Charente-Inf.	G. C.......	Propriétaire (protestant) à la Rochelle. 24. p.
MAULÉON (de).........	Gers........	G. C......	Maire de Gimont.
MONTSAULNIN (de).....	Cher.......	G. C......	Propriétaire, ✠.
RONCHEROLLES (de).....	Eure........	G. C......	Lieutenant-colonel retiré. A siégé au côté droit à la Chambre de 1815. 24.
SAUNAC..............	Côte-d'Or...	G. C.......	Négociant à Dijon; conseiller de préfecture. 24. p.
VILLEBRUNE (de la).....	Ille-et-Vilaine	Saint-Mâlo .	Ex-secrét.-gén. de préfecture, ✠.

G. CENTRE DROIT (3ᵉ section). (14 députés)

NOMS de MM. les Députés.	Départemens.	Arrondissem. ou colléges.	QUALITÉS.
ANDIGNÉ de RESTAUD (d')	Sarthe.......	G. C.......	Maire de Maigné, ✠. 24.
BELLEMARE (de)........	Calvados	G. C.......	Maire de Lisieux, ✠. 24.
DUSSOL.............	Lot........	Gourdon....	Maire de Sarrazac. 24. p.
GAZAN.............	Eure.......	G. C......	Maire d'Aviron. 24. p.
LABRETONNIÈRE	Drôme.....	Montélimart.	Propriétaire à Crest. 24. p,
LABRIFFE (de)........	Aube	G. C......	Maréchal de camp en retraite. A siégé au centre droit à la Chamb. de 1815.
LECLERC............	Calvados. ...	Falaise......	Négociant à Falaise. p.
LESERGEANT de BAYENGHEM.	Pas-de Calais.	Aire	Maire du Quesnoy.
LÉVISTE de MONTBRIANT	Ain........	G. C.......	Maire de Messimy. 24. p.
MALLAD de la VARENDE.	Eure.......	G. C......	Maire de Chamblac, ✠. 24. p.
PELISSIER de FÉLIGONDE	Puy-de-Dôm.	G. C.......	Propriétaire. A siégé au centre à la Chambre de 1815. 24.
REGOURD de VAXIS.....	Lot.........	Cahors......	Maire de Cahors, ✠. 24. p.
SIMON.............	Moselle	G. C.......	Banquier à Metz. 24.
VICHY (Abel de).......	Saôn. et-Loire	G. C.......	Propriétaire, neveu de Mgr l'évêq. d'Autun.

Membres qui, pour des raisons secondaires et par les places qu'ils ont occupées aux Chambres de 1828 et 1829, pourront peut-être encore être classés dans la catégorie ci-dessus.

H. CENTRE DROIT (1re section). (5 députés.)

NOMS de MM. les Députés.	PAR QUI NOMMÉS.		QUALITÉS.
	Départemens.	Arrondissem. ou colléges.	
BENOIT...............	Aveyron.....	G. C.......	Juge de paix à Saint-Géniez.
BRIANT de LAUBRIÈRE..	Finistère....	G. C.......	Maire de Quimper.
CHAGRIN de BRULEMAIL.	Orne........	G. C	Maire de Séez.
CHEVRIGNY-DUTEMPLE.	Eure-et-Loir.	G. C.......	Maire de Cottainville.
DEMEAUX.............	Loire.......	G. C.......	Maire de Montbrison. A siégé au centre à la Chambre de 1815.

J. CENTRE DROIT (2e section). (2 députés.)

NOMS de MM. les Députés.	Départemens.	Arrondissem. ou colléges.	QUALITÉS.
LORGERIL (de)........	Ille-et-Vilaine	Rennes......	Maire de Rennes.
ORCEAU de FONTETTE (d')	Calvados....	G. C.......	Propriétaire.

K. CENTRE GAUCHE (3e section). (3 députés.)

NOMS de MM. les Députés.	Départemens.	Arrondissem. ou colléges.	QUALITÉS.
BIZEMONT (de).......	Seine-et-Oise.	G. C.......	Propriétaire, ✠. A siégé au centre droit à la Chambre de 1815. p.
CORDIER.............	Jura........	Lons-le-Saul.	Inspecteur divisionnaire des ponts et chaussées à Lille. p.
PREISSAC (de)........	Tarn-et-Gar..	Montauban..	Préfet du Gers, du 12 novembre 1828. 24.

Nota. Par beaucoup de noms qui figurent dans les diverses sections, le lecteur remarquera sans doute que je fais de larges concessions au nouveau ministère, en y laissant subsister ceux d'une trentaine d'honorables députés qui probablement démentiront ce contrôle en prenant place dans les rangs de l'opposition constitutionnelle.

OPPOSITION.

L. CENTRE DROIT (2e section). (5 députés.)

NOMS de MM. les Députés.	Départemens.	Arrondissem. ou colléges.	QUALITÉS.
BALZAC (de)..........	Moselle.....	G. C.......	Secrétaire général du ministère de l'intér. sous M. de Martignac.
DUMANS.............	Mayenne....	G. C.......	Propriétaire.
GAUTIER.............	Gironde.....	Bordeaux (extra muros)	Négociant à Bordeaux; memb. du conseil gén. de commerce. 24.

NOMS de MM. les Députés.	PAR QUI NOMMÉS.		QUALITÉS.
	Départemens.	Arrondissem. ou colléges.	
Laperrine d'Haupoul.	Aude	G. C.	Fabricant de draps à Carcassonne; membre du conseil général de commerce.
Urvoy de Saint-Bédan	Loire-Infér.	Nort	Propriétaire.

M.   CENTRE DROIT (3e section).   (15 députés.)

NOMS de MM. les Députés.	Départemens.	Arrondissem. ou colléges.	QUALITÉS.
Agier	Deux-Sèvres	Parthenay	Conseiller à la cour royale de Paris, et conseiller d'État; démis le 14 août 1829. 24.
Amat	Hautes-Alpes.	Coll. unique.	Avoué et maire de Gap.
Belleyme (de)	Dordogne	G. C.	Ex-préfet de police, président du tribunal civil de Paris.
Bourdeau	Haute-Vienne	Limoges	Ex-ministre de la justice; premier président de la cour royale de Limoges. A siégé au centre à la Chambre de 1815. 24.
Cordoue (de)	Drôme	G. C.	Maire de Margis.
Decaux	Nord	Maubeuge	Ex-ministre de la guerre, ministre d'État. p.
Delalot	Charente	G. C.	Propriétaire; homme de lettr. 24.
Gérin	Loire	St.-Étienne.	Fabricant à Saint-Etienne.
Hyde de Neuville	Nièvre	G. C.	Ex-ministre de la marine, ministre d'État. A siégé au côté droit à la Chambre de 1815.
Lazerme	Pyrénées-Ori.	Coll. unique.	Propriétaire.
Martignac (de)	Lot-et-Gar.	Marmande	Ex-ministre de l'intérieur; minist. d'État depuis 1823. 24. p.
Leyval (Augustin de)	Puy-de-Dôm.	Riom	Maire de Cisterne. 24.
Raudot	Yonne	G. C.	Propriétaire. A siégé au centre gauche à la Chambre de 1815. 24.
Saint-Cricq (de)	Basses-Pyrén.	Coll. unique.	Ex-ministre du commerce. A siégé au centre à la Chambre de 1815. 24. p.
Saint-Hermine (de)	Deux-Sèvres.	G. C.	Ancien maire de Niort.

N.   CENTRE GAUCHE (3e section.)   (23 députés.)

NOMS de MM. les Députés.	Départemens.	Arrondissem. ou colléges.	QUALITÉS.
Allent	Pas-de-Calais.	G. C.	Conseiller d'Etat.
Angosse (Casimir d')	Basses-Pyrén.	Coll. unique.	Ancien sous-préfet à Pau.
Bessières (Julien)	Dordogne	Sarlat	Conseiller-référendaire à la cour des comptes.
Boigues (Louis)	Nièvre	Nevers	Maître de forges à Fourchambault; membre du conseil général des manufactures.
Calmon	Lot	Puy-l'Evêque	Directeur gén. de l'enregistrem. et des domaines du .. mai 1829.
Chatellier (de)	Gard	G. C.	Maire de Nîmes.
Crublier de Fougères.	Indre	G. C.	Propriétaire.

BIBLIOTHÈQUE ROYALE

2

NOMS de MM. les Députés.	PAR QUI NOMMÉS.		QUALITÉS.
	Départemens.	Arrondissem. ou colléges.	
Degouve-Denuncques.	Pas-de-Calais.	Hesdin......	Conseiller à la cour royale de Douai.
Demetz......	Meurthe.....	G. C.......	Président de chambre à la cour royale de Nancy.
Dompierre d'Hornoy..	Somme	Amiens (extra muros).	Conseiller d'Etat honoraire.
Durand (François).....	Pyrénées-Or .	Coll. unique.	Négociant à Perpignan, membre du conseil général de commerce. 24. p.
Fontaine (Louis)......	Pas-de-Calais.	Boulogne....	Négociant-armateur à Boulogne, membre du conseil général de commerce.
Gravier...............	Basses-Alpes.	Coll. unique.	Caissier de la caisse d'amortissement. A siégé au côté gauche à la Chambre de 1815.
Harlé (père).........	Pas-de-Calais	Arras.......	Ancien receveur général du Pas-de-Calais.
Hennessy............	Charente....	Cognac.....	Négociant à Cognac. 24 p.
Lainé de Villevêque.	Loiret......	Pithiviers...	Ancien négociant à Orléans. Questeur de la Chambre ; un des 21 députés du côté gauche en 1827.
Leyval (Félix de).....	Puy-de-Dôm.	G. C.......	Propriétaire.
Poyféré de Cère......	Landes......	G. C.......	Maître des requêtes. A siégé au côté gauche à la Chamb. de 1815.
Ricard (de)..........	Gard........	G. C.......	Conseiller à la cour de cassation, du 28 décembre 1828. 24.
Toupot de Bevaux....	Haute-Marne.	Joinville.....	Vice-président du tribunal civil de Chaumont.
Valon (de)...........	Corrèze	Ussel	Maire de Tulle. 24. p.
Verneilh-Puyrazeau .	Dordogne ...	Périgueux...	Conseiller à la cour royale de Limoges.
Voysin de gartempe...	Creuse	G. C.......	Conseiller à la cour de cassation. A siégé au centre à la Chambre de 1815.

O.   CENTRE GAUCHE (2e section).   (29 députés.)

NOMS de MM. les Députés.	Départemens.	Arrondissem. ou colléges.	QUALITÉS.
Andigné de la Blancheraye (d').	Maine-et-Loi.	Segré........	Propriétaire à Segré, ✠.
Bérigny.............	Seine-Infér..	Dieppe.....	Inspecteur divisionnaire des ponts et chaussées.
Bourdon du Rocher...	Sarthe	La Flèche ...	Maître de forges à Chemiré en Charnie.
Brun de Villeret.....	Lozère......	Coll. unique.	Maréchal de camp en retraite, réhabilité maître des requêtes le 1er mars 1829.
Cambon (Auguste de).	Haute-Garon.	G. C.......	Conseiller d'Etat le 12 novembre 1828. Démis le 20 août 1829. 24.
Cormenin (de)........	Loiret......	Orléans	Maître des requêtes.
Crignon-Bonvalet....	Loir-et-Cher.	Vendôme....	Propriétaire à Pezay.

NOMS de MM. les Députés.	PAR QUI NOMMÉS.		QUALITÉS.
	Départemens.	Arrondissem. ou colléges.	
CRIGNON-MONTIGNY....	Loiret......	G. C........	Négociant à Orléans.
DEBRAY (Augustin)....	Somme......	G. C........	Négociant et ancien maire d'Amiens.
DESPATYS....	Seine-et-Mar.	G. C.......	Président du trib. civil de Melun.
DRÉE (de)...........	Saône-et-Loi.	Charolles....	Propriétaire à Charolles.
FROIDEFOND de BELLISLE	Dordogne ...	Riberac	Conseiller d'Etat du 12 novembre 1828. Démis le 10 août 1829.
HAAS...............	Haut-Rhin...	Béfort.......	Receveur particulier à Béfort. 24.
HARCOURT (Eugène d'). .	Seine-et-Mar.	G. C.......	Propriétaire.
HÉLY d'OISSEL.......	Seine-Infér..	Neufchâtel...	Ancien préfet, conseiller d'État du 12 novembre 1828. Démis le 10 août 1829.
HUMANN.............	Aveyron....	Villefranche .	Négociant à Strasbourg, membre du comité d'administration des salines de l'est. (Un des 21 députés du côté gauche en 1827.)
JOUVENCEL (de).......	Seine-et-Oise.	G. C.......	Ancien maire de Versailles.
LACHÈZE.............	Loire	G. C......	Conseiller de préfecture.
LAIDET (de)..........	Basses-Alpes.	Coll. unique.	Colonel du 57e régiment.
LÉPELLETIER d'AUNAY..	Seine-et-Oise.	Montfort-Lamaury	Ancien préfet, nommé conseiller d'État le 12 novembre 1828. Démis le 10 août 1829.
MOREL (Benjamin)......	Nord........	Dunkerque..	Négociant à Dunkerque.
NOGARET............	Aveyron....	Milhau......	Ancien préfet.
OBERKAMPF	Seine-et-Oise.	G. C.......	Manufacturier à Jouy.
POUGEARD du LIMBERT.	Charente	Confolens ...	Ancien préfet.
RENOUVIER	Hérault.....	G. C.......	Conseiller de préfecture.
ROMAN..............	Yonne......	Auxerre.....	Maire de Bazarne.
ROUILLÉ de FONTAINE..	Somme	Péronne....	Propriétaire.
THÉNARD	Yonne	Villeneuve...	Professeur de Chimie au collége de France.
THIBORD de CHALLARD .	Creuse	Aubusson ...	Avocat à Aubusson.

P'. CENTRE GAUCHE (1re section). (54 Députés.)

NOMS de MM. les Députés.	Départemens.	Arrondissem. ou colléges.	QUALITÉS.
ANDRÉ.............	Haut-Rhin...	G. C.......	Cons. à la cour royale de Colmar.
ANGOT.............	Manche.....	Avranches...	Propriétaire à Avranches.
BOISSY d'ANGLAS.....	Ardèche....	Tournon	Sous-intendant militaire de 1re classe ; fils du pair de France de ce nom.
BONDY (de)....	Indre.......	Châteauroux.	Ancien préfet ; quest. de la Chambre.
BOULA de COULOMBIERS.	Vosges......	Coll. unique.	Ancien préfet, conseiller d'État du 12 novembre 1828.
BUSSON.............	Eure-et-Loir.	Chartres....	Avoué à Châteaudun.
CALMELET-DAEN......	Indre-et-Loire	Tours.......	Conseiller honoraire à la cour royale d'Orléans.
CASSAIGNOLLES........	Ardèche.....	G. C.......	Premier présid. de la cour royale de Nîmes.
CAUMARTIN	Somme......	Amiens(ville).	Président du trib. civil d'Amiens.
CHEVRIER de CORCELLES	Ain.........	Bourg.......	Président du trib. civil de Bourg.

NOMS de MM. les Députés.	PAR QUI NOMMÉS.		QUALITÉS.
	Départemens.	Arrondissem. ou colléges.	
CLÉMENT	Doubs	Baume-les-D.	Propriétaire. A siégé au côté gauche à la Chambre de 1815.
DAUNANT	Gard	Nîmes	Conseiller à la cour royale de Nîmes.
DELABORDE (Alexandre) .	Seine	G. C	Conseiller d'État du 12 novembre 1828. Démis le 10 août 1829.
DELAUNAY (Prosper)	Mayenne	Mayenne	Négociant à Laval.
DELESSERT (Benjamin) . .	Maine-et-Loi.	Saumur	Banquier à Paris, conseiller du Roi au conseil général de commerce.
DIDOT (Firmin)	Eure-et-Loir.	Nogent-le-R. .	Imprimeur et libraire à Paris.
DUCHATEL	Charente-Inf.	G. C	Ancien directeur général de l'enregistrement et des domaines sous l'Empire.
DUPIN (aîné)	Nièvre	La Charité . .	Avocat près la cour royale de Paris. Un des 21 députés du côté gauche en 1827.
DUPIN (Charles)	Tarn	Castres	Ingénieur de la marine, etc., etc.
DUVERGIERdeHAURANNE	Seine-Infér. .	Le Havre	Négociant à Rouen. A siégé au centre à la Chambre de 1815.
ESCHASSÉRIAUX	Charente-Inf.	G. C	Ancien maire de Saintes.
FAURE (Félix)	Isère	Vienne	Conseiller à la cour royale de Grenoble. Nommé président de chambre à cette même cour en novembre 1828, il n'a point accepté, pour rester fidèle aux engagemens envers ses commettans.
FLEURY (Louis)	Orne	Mortagne	Fabricant à Laigle.
GENIN	Meuse	Verdun	Propriétaire à Vadelaincourt.
GUEHENEUC (de)	Marne	Châlons	Ancien sénateur, maire d'Étoges.
HIS	Orne	Argentan	Avocat à Argentan.
HUMBLOT-CONTÉ	Rhône	Villefranche .	Manufacturier à Villefranche.
JARS	Rhône	Lyon (nord).	Ancien capitaine du génie sous l'empire, et ancien adjoint au maire de Lyon.
JOBERT-LUCAS	Marne	Reims	Manufacturier à Reims, membre du conseil général des manufactures.
LARIBOISSIÈRE (de)	Ille-et-Vilaine	Fougères	Ancien officier d'artillerie, fils du 1er inspecteur général de cette arme à la retraite de Russie en 1812.
LAROCHEFOUCAULD (Alexandre de).	Oise	Clermont	Ancien ambassadeur.
LAROCHEFOUCAULD (Gaëtan de).	Cher	Bourges	Ancien sous-préfet sous l'empire, propriét. à Gimouille (Nièvre). *Nota.* Ces deux députés sont les nobles fils du grand citoyen, auquel la société doit tant d'ins-

NOMS de MM. les Députés.	PAP QUI NOMMÉS.		QUALITÉS.
	Départemens.	Arrondissem. ou colléges.	
			titutions, et dont les restes mortels, à l'instigation d'une faction aussi impie qu'universellement exécrée, ont été traînés dans les boues de Paris, au moment qu'une nouvelle génération reconnaissante jetait les premières fleurs de son printemps sur le cercueil de l'homme à jamais immortel.
LAVAL...........	Vendée......	Fontenay....	Propriétaire. A siégé au centre gauche à la Chambre de 1815.
LEFÈVRE (Jacques)....	Seine........	G. C......	Banquier à Paris; membre du conseil général de commerce.
LEMERCIER (Louis).....	Orne........	Domfront...	Ancien capitaine aux chasseurs à cheval de l'ex-garde impériale; fils du pair de France.
LEVAILLANT............	Oise........	Beauvais....	Ancien inspecteur des forêts.
LOUIS..........,.....	Seine.......	8e Collége...	Ancien ministre des finances; oncle de M. le vice-amiral de Rigny, nommé ministre de la marine le 8, et démis le 15 août 1829. M. le baron Louis a siégé au centre gauche à la Chambre de 1815.
MARMIER (de)...........	Vosges......	Coll. unique.	Ancien colonel; gendre du duc de Choiseul, pair de France.
MOUTON, Comte de Lobau.	Meurthe.....	Luneville....	Lieutenant-général d'infanterie, ancien aide-de-camp de l'Empereur.
ODIER (Antoine).......	Seine.......	G. C......	Manufacturier à Paris, membre du conseil général de commerce.
PAS de BEAULIEU......	Nord.......	Valenciennes.	Lieutenant-colonel retiré.
PAVÉE de VENDEUVRE.	Aube.......	Bar-sur-Aube.	Manufacturier à Vendeuvre.
PELET...............	Loir-et-Cher.	Blois........	Ancien préfet; fils du pair de France de ce nom.
PÉRIER (Augustin).....	Isère........	Grenoble....	Manufacturier à Vizille.
PETOU...............	Seine-Infér..	Rouen (extra muros).	Manufacturier et maire d'Elbeuf. *Nota.* Nommé député en 1824, il a pris place au banc du centre tout derrière les ministres, mais votant pendant les deux dernières sessions dans le sens de la gauche, à laquelle il s'est franchement rallié depuis 1828.
RAMBUTEAU (de)......	Saône-et-Loi.	Mâcon.....	Ancien préfet, propriét. à Mâcon.
ROYER-COLLARD.......	Marne......	Vitry-le-Fr..	Conseiller d'État réintégré le 12 novembre 1828; membre de l'Académie française; président de la Chambre pendant les sessions

NOMS de MM. les Députés.	PAR QUI NOMMÉS.		QUALITÉS.
	Départemens.	Arrondissem. ou colléges.	
			de 1828 et 1829. A siégé au centre gauche à la Chambre de 1815. Un des 21 députés de la gauche en 1827.
Sade (fils) (de)........	Aisne.......	G. C	Propriétaire.
Sébastiani (Tiburce)..	Corse.......	Coll. unique.	Maréchal de camp. A fait la campagne de 1828 en Morée.
Ternaux (aîné)	Haute-Vienne	Saint-Junien.	Manufacturier à Paris, etc., etc., membre du conseil général des manufactures.
Thomas...............	B.-du-Rhône.	Marseille....	Avocat à Marseille.
Turckheim (Fréd. de).	Bas-Rhin....	G. C.......	Banquier à Strasbourg. Un des 21 députés du côté gauche en 1827.
Viennet.............	Hérault	Béziers......	Chef de bataillon en retraite, homme de lettres.
Bertrand (Joseph)....	Haute-Loire.	Le Puy......	Négociant au Puy; constitutionnel. N'a pas encore siégé.

Q. EXTRÊME GAUCHE. (94 députés.)

NOMS de MM. les Députés.	Départemens.	Arrondissem. ou colléges.	QUALITÉS.
Asselin de Villequier.	Seine-Infér ..	G. C.......	Premier président de la cour royale de Rouen.
Audry de Puyraveau..	Charente-Inf.	Rochefort ...	Propriétaire à Rochefort; l'un des fondateurs de l'entreprise des fourgons accélérés.
Bailliot	Seine-et-Mar.	Melun	Maire de Tournan.
Balguerie (aîné)......	Gironde.....	Blaye.......	Négociant et banquier à Bordeaux.
Balguerie (jeune)	Gironde.....	Bordeaux(vil.)	Négociant-armateur à Bordeaux.
Bazile (Louis)........	Côte-d'Or...	Châtillon....	Maître de forges à Châtillon-sur-Seine.
Bavoux...............	Seine	7e Collége...	Juge au tribunal civil de Paris, et professeur suppléant à l'Ecole de Droit.
Bérard (Simon).......	Seine-et-Oise.	Arpajon.....	Ancien maître des requêtes, vice-président du conseil de salubrité à Paris, sous M. de Belleyme, ex-préfet de police.
Bérenger.............	Drôme.....	Valence....	Ancien avocat-général près la cour royale de Grenoble.
Bertin de Vaux.......	Seine-et-Oise.	Versailles...	Homme de lettres; conseiller d'État réintégré le 12 novembre 1828. Démis le 10 août 1829. Un des 21 députés du côté gauche en 1827.
Bignon..............	Eure........	Les Andelys.	Ancien ambassadeur sous l'empire. Un des 21 députés du côté gauche en 1827.
Bosc................	Aude.......	Castelnaudar.	Propriétaire à Carcassonne.

NOMS de MM. les Députés.	PAR QUI NOMMÉS.		QUALITÉS.
	Départemens.	Arrondissem. ou colléges.	
BRIGODE (de)............	Nord.........	G. C.......	Propriétaire. A siégé au côté gauche à la Chambre de 1815.
BRIQUEVILLE (de)......	Manche.....	Valogne.....	Ancien colonel de dragons sous l'empire.
CABANON.............	Seine-Infér..	G. C.......	Ancien négociant à Rouen.
CAMUS de RICHEMONT..	Allier.......	Montluçon..	Maréchal de camp du génie, en retraite.
CAROILLON de VENDEUIL	Haute-Marne	Langres.....	Maître de forges à Humberville.
CHAMPY.............	Vosges......	Coll. unique.	Maître de forges à Framont.
CHARDEL.............	Seine.......	6e Collége...	Juge au tribunal civil de Paris.
CLAUSEL.............	Ardennes....	Réthel.......	Lieutenant-général d'infanterie.
CONSTANT (Benjamin)..	Bas-Rhin....	Strasbourg...	Conseiller d'Etat sous l'empire, homme de lettres. Un des 21 députés du côté gauche en 1827.
CORCELLES (de)........	Seine.......	4e Collége...	Propriétaire à Lyon.
COUDERC.............	Rhône......	Lyon (sud)..	Négociant à Lyon. Un des 21 députés du côté gauche en 1827.
CUNIN-GRIDAINE.......	Ardennes....	Mézières....	Fabricant de draps à Sedan.
DAUNOU.............	Finistère...	Brest........	Professeur d'histoire au collége de France.
DEMARÇAY.............	Seine.......	2e Collége...	Maréchal de camp d'artillerie, en retraite.
DESTUTT de TRACY....	Allier.......	Moulins.....	Ancien colonel; fils du pair de France, et gendre de M. de Lafayette.
DEVAUX.............	Cher.......	St.-Amand..	Avocat à la cour royale de Bourges. Un des 21 députés du côté gauche en 1827.
DUFOUR de BESSAN.....	Gironde.....	G. C.......	Avocat à Bordeaux.
DUMAS (Mathieu)......	Seine.......	1er Collége..	Lieutenant-général; ex-intendant général de la grande armée en 1812.
DUMEILET.............	Eure........	Evreux......	Ancien maire d'Evreux, ✠.
DUPONT (de l'Eure)....	Eure........	Bernay......	Ex-président de chambre à la cour royale de Rouen. Un des 21 députés du côté gauche en 1827.
DURIS-DUFRESNE......	Indre......	La Châtre...	Propriétaire.
ENOUF.............	Manche.....	Saint-Lô....	Propriétaire à Saint-Pélerin.
ÉTIENNE.............	Meuse......	Bar-le-Duc..	Homme de lettres, membre de l'Académie française.
FLEURY (jeune)........	Calvados....	Falaise......	Maire de Villy.
GALLOT (André).......	Charente-Inf.	La Rochelle..	Propriétaire à Candé; l'un des fondateurs de l'entreprise des fourgons accélérés.
GELLIBERT.............	Charente....	Angoulême..	Médecin à Angoulême.
GÉRARD (Maurice)......	Dordogne...	Bergerac.....	Lieutenant-général d'infanterie.
GIROD (Amédée).......	Indre-et-Loire	Chinon......	Conseiller à la cour royale de Paris.
GOUPILLIÈRE de DOLON (de la).	Sarthe......	Saint-Calais..	Propriétaire à Saint-Calais.

NOMS de MM. les Députés.	PAR QUI NOMMÉS.		QUALITÉS.
	Départemens.	Arrondissem. ou colléges.	
GRAMMONT (de)........	Haute-Saône.	Vesoul......	Propriétaire des usines de Villersexel, beau-frère de M. de Lafayette. A siégé au côté gauche à la Chambre de 1815.
GRÉA...............	Doubs......	Besançon....	Propriétaire dans le Jura ; neveu et successeur de M. Jobez, décédé.
GUILHEM............	Maine-et-Loi.	Angers.....	Négociant armateur à Brest.
JACQUEMINOT........	Vosges......	Coll. unique.	Ancien colonel de l'ancienne armée, aujourd'hui manufacturier à Bar-le-Duc.
KÉRATRY...........	Vendée.....	Les Sables...	Homme de lettres.
LABBEY de POMPIÈRES..	Aisne.......	St.-Quentin..	Ancien officier d'artillerie. Un des 21 députés du côté gauche en 1827.
LAFAYETTE (de).......	Seine-et-Mar.	Meaux......	Doyen des lieutenans-généraux de la France. Un des 21 députés du côté gauche en 1827. Fondateur de la liberté américaine, et soutien imperturbable des droits publics de sa patrie. Gloire immortelle à l'homme des deux mondes! De BÉRANGER, *La Fayette en Amérique.*
LAFAYETTE (Georges de)	Seine-et-Mar.	Coulommiers	Propriétaire ; fils du précédent, beau-frère de M. Destutt de Tracy, député de l'Allier.
LAFFITTE (Jacques)....	Basses-Pyrén.	Coll. unique.	Banquier à Paris ; régent de la Banque de France, et membre de toutes les sociétés philanthropiques de la capitale. Un des 21 députés du côté gauche en 1827.
LAFFOND-BLANIAC.....	Lot-et-Garon.	Villeneuve...	Lieutenant-général de cavalerie, en retraite.
LAGUETTE de MORNAY.	Ain.........	Belley......	Colonel d'artillerie, en retraite.
LAMARQUE...........	Landes......	Mont-de-Mar.	Lieutenant-général d'infanterie.
LAMETH (Charles de)..	Seine-et-Oise	Pontoise. ...	Lieutenant-général en retraite ; frère du député Alexandre de Lameth, décédé.
LASCOURS (Reynaud de).	Gard........	Alais.......	Ancien colonel, aide-de-camp ; fils du préfet de ce nom.
LECARLIER d'ARDON....	Aisne.......	Laon.......	Propriétaire.
LEGRIX-LASALLE.......	Gironde.....	G. C.......	Propriétaire à Bordeaux.
MAILLE (Eugène)......	Seine-Infér..	G. C.......	Ancien négociant.
MARCHAL...........	Meurthe.....	Nancy......	Ancien notaire à Nancy.
MARCHEGAY-LOUSIGNY.	Vendée......	G. C.......	Propriétaire.
MARTELL (Charles).....	Gironde.....	Libourne....	Ancien négociant à Cognac.
MARTIN (Louis)........	Seine-Infér..	Rouen (ville).	Fabricant à Rouen.

NOMS de MM. les Députés.	PAR QUI NOMMÉS.		QUALITÉS.
	Départemens.	Arrondissem. ou colléges.	
MARTIN-LAFFITTE.....	Seine-Infér..	Yvetot......	Négociant armateur au Havre.
MAUGUIN.............	Côte-d'Or...	Beaune......	Avocat à la cour royale de Paris.
MÉGHIN..............	Aisne........	Soissons.....	Ancien préfet; banquier à Paris. Un des 21 députés du côté gauche en 1827.
MERCIER.............	Orne........	Alençon.....	Négociant fabricant; ancien maire d'Alençon sous l'empire.
MIGEON.............	Haut-Rhin...	G. C........	Maître de forges à Morfillard.
MOYNE.............	Saône-et-L..	G. C......	Avocat à Châlons-sur-Saône.
PAILLARD-DUCLÉRÉ....	Mayenne....	Château-G...	Maître de forges au Port-Brillet.
PATAILLE...........	Hérault....	Montpellier..	Ex-procureur royal près le tribunal civil de Nîmes.
PÉRIER (Casimir).......	Aube......	Troyes......	Banquier à Paris. Un des 21 députés du côté gauche en 1827.
PÉRIER (Alexandre).....	Loiret.......	Gien........	Manufacturier à Montargis.
PÉRIER (Camille)......	Sarthe	Mamers....	Ancien préfet.
PODENAS.............	Aude........	Narbonne...	Conseiller à la cour royale de Toulouse.
POMMERAYE (de la)...	Calvados....	Caen........	Ancien chef d'escadron.
REINACH (de).........	Haut-Rhin...	Altkirch.....	Propriétaire.
RODET..............	Ain........	Trevoux.....	Ancien officier ; homme de loi.
SAGLIO (Florent)	Bas-Rhin....	G. C........	Négociant à Strasbourg ; membre du comité d'administration des salines de l'Est.
St.-AIGNAN (Louis de)..	Loire-Infér...	Nantes......	Ancien préfet.
St.-AIGNAN (Auguste de)	Loire-Infér ..	St. Philbert..	Ancien ambassadeur.
SALVERTE (Eusèbe)....	Seine	3e Collége...	Homme de lettres.
SAPEY..............	Isère........	Tullins......	Ancien sous-préfet.
SCHONEN (de)........	Seine......	5e Collége...	Conseiller à la cour royale de Paris.
SÉBASTIANI (Horace)...	Aisne.......	Vervins.....	Lieutenant-général de cavalerie. Un des 21 députés du côté gauche en 1827.
SIMMER.............	Puy-de-Dôm.	Clermont....	Maréchal de camp en retraite.
TARDIF.............	Calvados....	Bayeux.....	Négociant à Bayeux. Un des 21 députés du côté gauche en 1827.
THIARD (de)..........	Saône et-Loi.	Châlons....	Maréchal de camp. Un des 21 députés du côté gauche en 1827.
THIL..............	Seine-Infér...	G. C........	Avocat à la cour royale de Rouen.
THOUVENEL..........	Meurthe....	G. C........	Médecin à Pont-à-Mousson.
TRIBERT	Deux-Sèvres.	Niort.......	Ancien sous-préfet à Bressuire.
TRONCHON...........	Oise.......	Compiègne.	Propriétaire; fils du député de ce nom décédé en 1828.
VASSAL (Romain)......	Seine	G. C.......	Banquier et président du tribunal de commerce de Paris.
VAULOT.............	Vosges......	Coll. unique.	Maître de forges à Brouvelieures.
VAUQUELIN	Calvados....	Lisieux	Profess. de Chimie à Paris, etc.

RÉCAPITULATION.

			OPPOSITION.	DROITE.
DROITE.				
pages.				
A 7 96				
B 11 18				
C 12 .... 19 } 59				
D 13 22				
E 14 15				
F 15 .... 11 } 40	} 109		»	205
G 15 14				
H 16 5				
J 16 .... 2 } 10				
K 16 3				
OPPOSITION.				
L 16 5				
M 17 .... 15 } 43				
N 17 23				
O 18 29			220	»
P 19 .... 54 } 148				
Q 22 94				
Sur les 30 Députés dont il est parlé page 16, n'admettons que la moitié			220 / 15	205 / 15
			235	190
Total.				425

DÉPUTÉS A REMPLACER.

MM.

Cardonnel	Tarn...	Alby 1	
Chauvelin (de)	C.-d'Or.	Dijon 1	
Voyer-d'Argenson.	Eure...	Pont-Audemer 1 }	5
Berset (de)	Mayenn.	G. C. 1	
Ravez	Gironde.	G. C. 1	

Complet de la Chambre 430

COUP D'OEIL CRITIQUE *sur les élections faites par les grands colléges en exécution de la loi du 29 juin 1820.*

Le grand nombre des députés du côté droit, la plupart élus par les grands colléges, m'ayant rendu attentif sur l'inconvénient de cette loi, je dois, tout en l'admettant avec son illégalité reconnue, exposer les causes de ces disproportions frappantes avec les députés de la gauche, par les tableaux suivans :

A 8 départemens : Basses-Alpes, Hautes-Alpes, Corse, Lozère, Basses-Pyrénées, Hautes-Pyrénées, Pyrénées-Orientales et Vosges, votent au forum départemental en colléges uniques et dans le sens et l'esprit de la Charte. Ils nomment en tout vingt-trois députés.

B 16 départemens : Ardèche, Ardennes, Ariège, Aube, Cantal, Corrèze, Creuse, Drôme, Indre, Jura, Landes, Haute-Loire, Loir-et-Cher, Haute-Saône, Deux-Sèvres et Vaucluse, nomment chacun 3 députés, dont 2 par les colléges d'arrondissemens et 1 par le grand collége. Ils nomment en tout 48 députés.

C 13 départemens : Allier, Aude, Cher, Doubs, Eure-et-Loir, Indre-et-Loire, Haute-Marne, Meuse, Nièvre, Tarn, Tarn-et-Garonne, Vienne et Haute-Vienne, nomment chacun 4 députés, dont 2 par les colléges d'arrondissemens et 2 par les grands colléges. Ils nomment en tout 52 députés.

D 21 départemens : Ain, Aveyron, Bouches-du-Rhône, Charente, Côte-d'Or, Gard, Gers, Hérault, Loire, Loiret, Lot-et-Garonne, Marne, Mayenne, Meurthe, Oise, Haut-Rhin, Rhône, Seine-et-Marne, Var, Vendée, et Yonne, nomment chacun 5 députés, dont 3 par les colléges d'arrondissemens et 2 par les grands colléges. Ils nomment en tout 105 députés.

E 8 départemens : Aisne, Côtes-du-Nord, Finistère, Isère, Loire-Inférieure, Lot, Morbihan et Bas-Rhin, nomment

66

chacun 6 députés, dont 4 par les colléges d'arrondissemens et 2 par les grands colléges. Ils nomment en
tout 48 députés.

F 16 départemens : Calvados, Charente-Inférieure, Dor-
dogne, Eure, Haute-Garonne, Ille-et-Vilaine, Maine-
et-Loire, Manche, Moselle, Orne, Pas-de-Calais,
Puy-de-Dôme, Saône-et-Loire, Sarthe, Seine-et-Oise
et Somme, nomment chacun 7 députés, dont 4 par les
colléges d'arrondissemens et 3 par les grands colléges.
Ils nomment en tout 112 députés.

G 1 département : la Gironde, nomme 8 députés, dont 5
par les colléges d'arrondissemens et 3 par le grand
collége.

H 1 département : la Seine-Inférieure, nomme 10 députés, dont 6 par les colléges d'arrondissemens et 4
par le grand collége.

J 2 départemens : le Nord et la Seine, nomment chacun
12 députés, dont 8 par les colléges d'arrondissemens
et 4 par les grands colléges. Ils nomment ensemble
24 députés.

86 départemens.

Passant par-dessus la répartition inégale des élections faites
jusqu'à ce jour entre les départemens des diverses classes,
telles qu'elles se trouvent détaillées ci-dessus depuis B jusqu'à J, je dois signaler une inégalité bien plus choquante dans
la manière avec laquelle on a procédé, en n'admettant dans
les grands colléges que le QUART des électeurs là où ils
avaient 1/3, 3/8, 2/5, 3/7 et jusqu'à la moitié de la députa-
tion de leurs départemens à nommer.

Je pose ici le chiffre 100, dont le quart est de 25, pour
terme plus facile de comparaison.

B 16 à 3 dép., dont 1 par le G. C.

                    nommé par   1/4   25
                    au lieu de   1/3   33. Électeurs en moins 8

C 13 à 4 D., dont 2 par le G. C.
                nommés par   1/4   25
                au lieu de   1/2   50. Électeurs en moins 25

D 21 à 5 D., dont 2 par le G. C.
                nommés par   1/4   25
                au lieu de   2/5   40. Électeurs en moins 15

E 8 à 6 D., dont 2 par le G. C.
                nommés par   1/4   25
                au lieu de   1/3   33. Électeurs en moins 8

F 16 à 7 D., dont 3 par le G. C.
                nommés par   1/4   25
                au lieu de   3/7   43. Électeurs en moins 18

G 1 à 8 D., dont 3 par le G. C.
                nommés par   1/4   25
                au lieu de   3/8   37. Électeurs en moins 12

H 1 à 10 D., dont 4 par le G. C.
                nommés par   1/4   25
                au lieu de   2/5   40. Électeurs en moins 15

J 2 à 12 D., dont. 4 par le G. C.
                nommés par   1/4   25
                au lieu de   1/3   33. Électeurs en moins 8

Il est inutile de remarquer que la proportion est toujours ascendante à mesure que le nombre d'électeurs s'accroît dans les centaines suivantes.

Continuant ainsi à examiner cette loi (1), et dans la supposition du maintien strict d'un QUART d'électeurs admis à voter dans les grands colléges, je vais essayer de faire une répartition équitable de toutes ces nominations entre les différentes classes des départemens, pour faire à chacun d'eux la part que la justice et une saine raison doivent incontestablement leur concéder, et que j'expose par le tableau de l'autre part.

---

(1) Dans l'hypothèse de son maintien jusqu'à nouvel ordre, mais que je persiste toujours à croire illégale et imposée par une majorité dans les intérêts de l'aristocratie ou d'hommes à priviléges.

Tableau comparé des Élections faites depuis 1820 avec celles à faire dans une proportion équitable.

Classes.	Departemens.	Élections faites depuis 1820.		Totaux.	Élections à déduire des G. C. pour les ajouter à ceux d'arrond.	Élections à faire.		Totaux.	
		par les colléges uniq. ou ceux d'arrondiss.	par les grands colléges.			par les colléges uniq. ou ceux d'arrondiss.	par les grands colléges.		
A	8	23	»	23	»	23	»	23	Ils voteraient en colléges uniques.
B	16	32	16	48	16	48	»	48	Égalité parfaite à raison d'un quart.
C	13	26	26	52	13	39	13	52	Avec 15 électeurs de plus dans chaque G. C.
D	21	63	42	105	»	63	42	105	Avec 8 *idem* *idem.*
E	8	32	16	48	»	32	16	48	Avec 12 *idem* *idem.*
F	16	64	48	112	16	80	32	112	Égalité parfaite à raison d'un quart.
G	1	5	3	8	1	6	2	8	Avec 5 électeurs de plus au G. C.
H	1	6	4	10	1	7	3	10	Égalité parfaite à raison d'un quart.
J	2	16	8	24	2	18	6	24	
	86	267	163 (1)	430 (2)	49 (3)	316	114	430	

BALANCE.

(1) Les grands colléges ont nommé depuis 1820................. 163 députés.

(2) La Chambre est composée de 430 membres, dont le quart est de. 107

     Différence en plus..................... 58

(3) Nominations à déduire des grands colléges pour les ajouter aux colléges d'arrondissemens................................. 49

     Il reste encore en faveur de qui pourra en disposer........ 9 nominat. en plus.

Je transcris ces observations précisément dans un moment que le nouveau ministère, loin de faire des *concessions* telles que la suppression de la loi d'élections, de la septennalité, etc., etc., etc., paraît, au contraire, nous menacer encore d'une augmentation de 160 nouveaux députés *à grands colléges*.

Heureux, si cet écrit tombe sous les yeux de quelques députés constitutionnels, pour qu'ils puissent peser avec maturité toutes les conséquences désastreuses qui résulteraient d'une pareille proposition ainsi que de quelques autres contre nos droits et nos libertés, que le ministère médite de leur soumettre à la prochaine session, qui doit décider de l'avenir de la patrie.

Statistique de la Chambre, pour comparer la dispense des faveurs et emplois d'un côté, en parallèle avec les disgrâces, le mérite, l'utilité et les talens de l'autre (1).

DÉTAIL.	Droite.	Opposition.
Ministres { en activité	3	»
Ministres { anciens remplacés	1	6
Ministres d'Etat	2	3
Conseil d'Etat { employés	11	2
Conseil d'Etat { démissionnaires	»	8
Maîtres des requêtes	4	3
Directeurs et administrateurs généraux { employés	7	1
Directeurs et administrateurs généraux { anciens	2	1
Employés à la Caisse d'amortissem, liquidations et Mont-de-Piété	5	1
Ambassadeurs { employés	1	»
Ambassadeurs { anciens	»	3
Préfets { employés	11	»
Préfets { anciens	»	10
Sous-Préfets { employés	1	»
Sous-Préfets { anciens	»	4
Secrétaires généraux de préfectures	1	»
Conseillers de préfectures	6	2
Maires	48	9
Adjoints	4	»
Conseillers { à la cour de cassation	4	2
Conseillers { à la cour des comptes	2	1
Cours royales { présidens	5	4
Cours royales { procur. et avocats génér.	6	»
Cours royales { conseillers	4	12
Tribunaux. Présidens	»	5
Généraux { figurant sur le cadre	10	7
Généraux { retirés	1	8
Officiers supérieurs { employés	4	1
Officiers supérieurs { retirés	5	14
Intendans militaires	1	1
Gentilshommes ordinaires et honoraires de la chambre du Roi	12	»
Maison du Roi { Militaire	8	»
Maison du Roi { Garde royale	3	»

DÉTAIL.	Droite.	Opposition.
Marine { Vice et contre-amiraux	2	»
Marine { Conseillers d'amirauté	2	»
Marine { Ingénieurs	»	1
Ingénieurs des ponts et chaussées	4	1
Employés { dans les forêts	3	»
Employés { dans les haras	2	»
Receveurs et payeurs généraux	2	»
Receveurs et percepteurs particul.	1	1
Membres des conseils généraux de commerce, manufact. et fabriq.	»	15
Banquiers	2	8
Négocians	4	20
Manufacturiers et fabricans	»	15
Maîtres de forges	»	11
Membres des académies { française	»	2
Membres des académies { des belles-lettres	1	2
Membres des académies { des sciences	1	4
Professeurs à Paris	1	5
Hommes de lettres	»	6
Avocats	»	11
Membres de la Chambre de 1815, dite DES INTROUVABLES, *ayant siégé*		
Aux côté et centre droits	29	1
Au centre	9	4
Aux côté et centre gauches	4	9
Membres de la première Chambre septennale de 1824 à 1827	136	30
Présidéns de collèges en nov. 1827	91	5
Restant des 21 députés const. qui ont siégé au côté gauche en 1827	»	19

(1) Beaucoup de Députés réunissent plusieurs qualités de celles énoncées ci-dessus.

FIN.

www.ingramcontent.com/pod-product-compliance
Lightning Source LLC
Chambersburg PA
CBHW062314070726
47596CB00009B/1930